学校
学不到的
成长课

〔日〕株式会社旺文社 著
张文祎 译

• 小学生应该学会的事，这套漫画就能搞定！ •

我的人生梦想启蒙书

SPM
南方出版传媒
新世纪出版社
· 广州 ·

前言

考试得了一百分真开心呀！身边的人都表扬我。但是，长大以后要面临的问题，却比学校的考试复杂得多，有的时候正确答案不止一种，有的时候问题是没有正确答案的。

“生日礼物的话，我想收到鲜花！”“我想收到书！”谁的答案是正确的？他们的答案都是正确的。但是在某些情况下，他们的答案又都是错误的。

爬山的时候，同学扭伤了脚。紧要关头，自己是选择用指南针摸索着下山，寻找救援，还是在原地等待救援呢？哪个答案是正确的？正确答案随情况而定。总之，性命攸关的问题要慎重地做出决定！

在大人的世界里，每天都要面对这样的选择题。可以自信满满地解决问题，凭借的是聪明的头脑，对问题做出正确的判断。

本系列丛书，希望用漫画的方式，让小朋友们去理解自己和周围的世界。希望合上书本的时候，小朋友们能发现自己的进步，感受到思考带来的快乐。

本书的主题是“找到自己的理想”。小朋友，你对将来有怎样的打算？有没有自己感兴趣的工作呢？或许你对工作还没有一个清晰的概念。其实我们每个人都蕴藏着无穷的潜力，从现在开始好好学习，着手寻找自己的爱好，留意自己感兴趣的事情吧！我们成长的点点滴滴都与未来息息相关。每个小朋友都会有一个无限美好的未来！

旺文社

目录

即将登场的

梦笑美典

- 小学三年级
- 地区足球队队员
- 相比学习，
  更擅长运动
- 意想不到的少女心
- 擅长做鬼脸
  （肉乎乎）

将木叶人

- 小学三年级
- 练习各式各样诡异的姿势，
  为了让自己看上去更美
- 有钱人家的少爷
- 正在学习吹小号

小伙伴们

爆炸头老师（本名：福泽勇希）

- 永远 32 岁
- 虽然现在是个无业游民，但是此前有非常丰富的工作经验，对各行各业都十分了解
- 家境富裕
- 女友招募中
- 擅长理财

来须望美

- 小学三年级
- 从小生活在日本关西，讲一口地道的关西方言
- 和做小生意的奶奶一起生活，所以特别会算账

望美的奶奶

故事开始啦

叮！咚！
30日 值日生 你 我
大家好！
我是班主任尾稻荷问。
整理
整理
本周的作文题目是『长大后的我』。
大家来想象一下长大后会做怎样的工作吧！
咚咚咚！
咚咚咚！
咚咚咚！
你们两个的作文有思路了吗？
那是当然……
你消停一会儿好吗？
我……想成为勤勤恳恳的上班族……然后……

我想当大公司的总裁呢！
灵活
赚大钱！
灵活
望美……你的头发竟然会说话……
惊
叶人你呢？
我的天职便是成为美的使者！
你给我打住啊！
艺术家！
诸如此类……
闪
那是什么鬼姿势！
美典你呢？
吓
我吗？
这就轮到我啦？

该怎么办！！
你在烦恼什么？
我扯
别看他俩平时嘻嘻哈哈的，没想到都有雄心壮志啊！
再看看我自己！
美典视角
哈哈哈
小美典
让我来替你们排忧解难！
哈？
冒
头
一惊
还会说话？
沙沙
还真是毫无美感可言啊……
难道是新物种？
平地生出一撮毛……
作响
蓬
松
这是……

我来也！
满分
稳稳
当当
大旋地转式
惊
弹出
特写
你们的将来会有无限的可能！
……
镜头在这边呢……
可惜！
尴尬
刚刚那个爆炸头大叔卡在下水道里?!
真神奇啊！
回声

总而言之！
清
嗓
『当下』对于你们而言是非常重要的！
咦？
无力奔跑
一溜烟
喂！你们去哪儿啊？
大叔，你还是管好自己的事情吧！
还真是无情啊……
大白天躲在下水道里，一定不是什么好人！
快跑啊！
等一下！
可怕！

第1章

发现自己的爱好

发现自己的特长

静悄悄
静悄悄
作文题目是『长大后的我』哦。
加油！
要怎么下笔啊？
毫无头绪！没关系！
猛地
烦恼的时候就开练吧！
嗯？
嗒！
不要啊！！
呼呼呼呼呼呼呼呼！呼呼！
嗒！
嗒！
嗒！
嗒！
我找不到自己的梦想啊！
嗖——
慌慌张张的，出什么事啦？

首先来发现自己的兴趣爱好吧！

我的特长是……

- 擅长的科目？
- 擅长的乐器？
- 擅长的运动？

……

我喜欢……

- 喜欢的食物？
- 喜欢的游戏？
- 喜欢的电视节目？
- 喜欢的书？

……

我对……感兴趣

- 对高楼大厦感兴趣。
- 对小动物感兴趣。
- 对云或星星感兴趣。
- 对时尚感兴趣。

……

爱好和特长都与梦想息息相关哦！

例1 擅长踢足球。

变身

例1 足球运动员

例2 擅长弹钢琴。

变身

例2 钢琴家

发现自己的爱好与特长吧！

变身

例3 喜欢阅读。

例4 喜欢当小老师。

例3 图书馆管理员

例4 教师

点滴小事也与梦想息息相关哦！

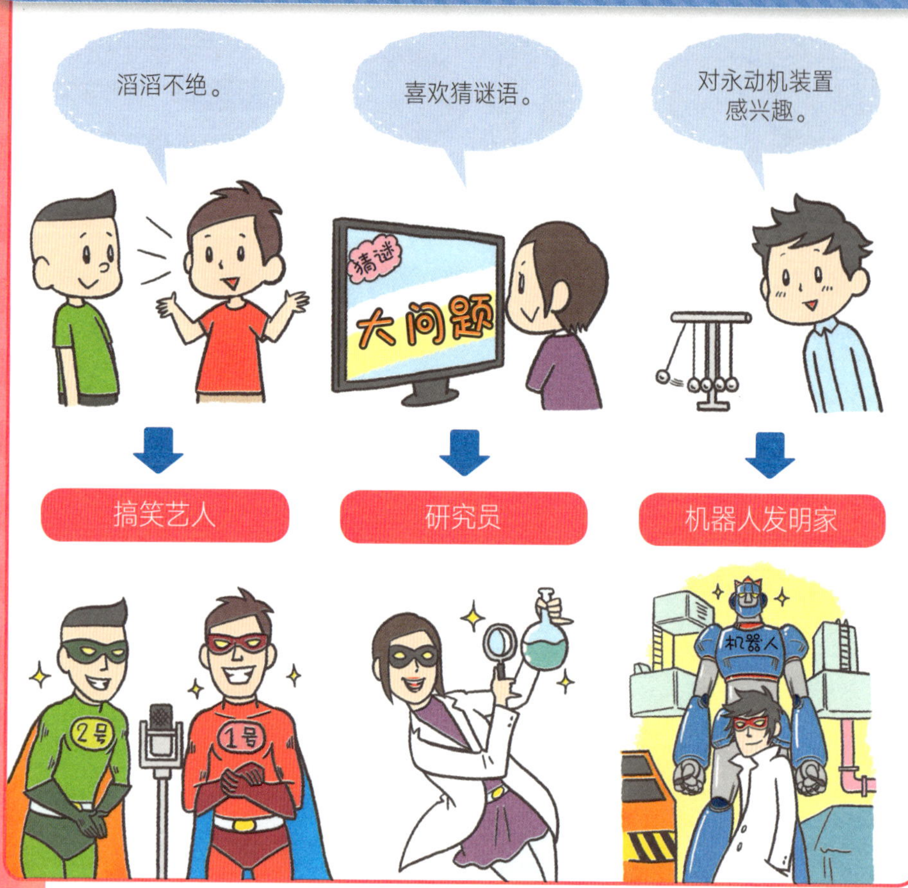

望美！叶人！听我说！听我说！
哭
我找到写作文的思路啦！
超人？
爆炸头……
你们成为朋友啦？
本人呢！
一直参加足球队训练！
所以将来我想成为一名足球运动员！
哦哦！
然后！
我也擅长跑步，所以我想成为马拉松或是接力选手……
欸？
我也喜欢吃甜点，所以我还想成为甜点师！我还喜欢看电视，所以我要不要当个女演员呢！
滔滔不绝
嘿嘿！
还有还有……
所以美典的梦想是哪一个？
好混乱……
作文要整理好思路再下笔哦……

发现自己的才能

大家的作文都写得很好啊！
是呀是呀！
望美一点也不怯场，真厉害！
嘻嘻，谢谢夸奖。
自己都没发觉呢！
大大
长大以后，我想成为上班族，勤勤恳恳地工作！
方方
叶人的发言也很特别呢。
这个姿势是干吗？
这也是一种美感……
看来是理解无能啊……
啊啊啊！
为了向世人展现那永恒之美，我将踏上艺术的道路！

美典的发言也特别有魄力哦！好样的！
谢……谢谢夸奖！
害羞！
你们的作文都完成啦！太好啦！
吓
谁？
啊！爆炸头大叔？
不要叫我大叔！
又出现了……
请期待我的登场啊！
聚光
逆光完全看不清……
怎么回事……
发现朋友身上的闪光点真是值得高兴的事！
这一点也是非常重要的！
真棒！
真的吗？

和小伙伴、家人一起发现优点吧！

问一问身边的人，一起发现你身上更多的闪光点哦！

没想到我有这么多优点！
我们身上有无限的可能啊……
每个人都是独一无二的，真有趣！
每一个闪光点都指引着你们的未来哦……
转身
这句话要铭记在心啊！
后会有期！
腾
空
消失了……
不——
还会出现吧？
大家从爆炸头大叔那里学到了很多……
落地失败男

找不到兴趣爱好要怎么办

每个人在成长过程中都会积累丰富的人生经验哦！
陷入回忆……
那些青涩的时光……
毛毛躁躁
发型好难打理。
依旧清纯
要下暴雨了？
虽然还是大晴天……
这才发现自己拥有头发预知天气的超能力。
倾盆大雨
不出所料！
面试中
也尝试过天气预报员的工作。
一定要有工作经验吗？
是的。
清纯
不得了！
我的缪斯？
树冠真茂盛啊！
因此做过……
好开心！
半吊子园艺师。
修修剪剪
修修剪剪

总而言之！ 没有找到自己的爱好和特长也没关系！

阅读中

科学课

下馆子

听音乐

第2章

一起来寻找梦想的宝藏！

我喜欢看电视

嘿嘿嘿！
勇者次郎长左卫门叶人三世啊！
凭你也想打倒我？
我要把你吞进肚子！
尽管放马过来吧！大魔王美典……
你们在做什么啊？
喂！
爆炸头！
卡！
我们在拍电视剧呢！
钱的味道
也许电视台会把它买下来呢！
原来如此……
主角的名字是不是太长啦？
请不要太较真……
与影视相关的工作有很多呢！
导演
挥
爆炸头老师开讲啦！
开拍！
对焦，

以下是电视节目的制作流程哦。

与电视节目相关的工作

1 节目策划

节目制作人

负责节目策划、筹备资金、招募团队等。

2 节目制作

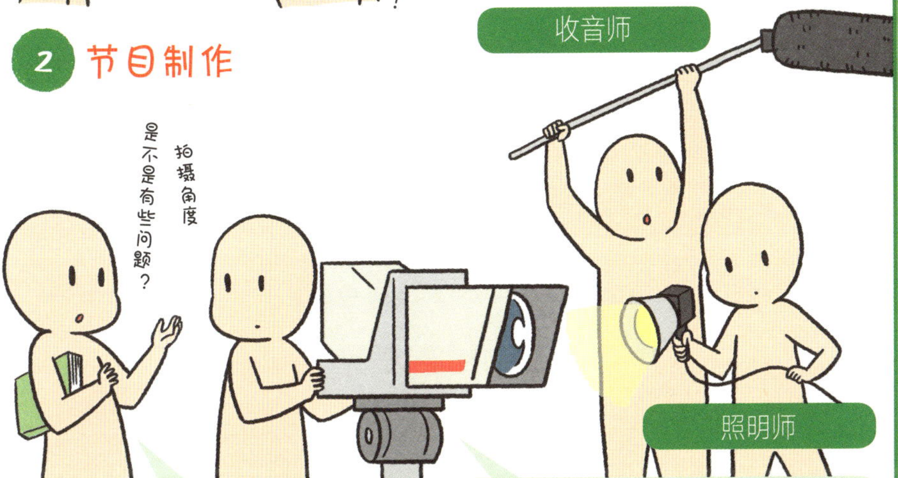

导演

协调演出人员与工作人员，在现场指挥拍摄。

摄像师

取景拍摄演出人员、道具、布景等。

3 节目播放

播音员

参考主持稿简洁明快地播报新闻。

以下工作也可以胜任哦!

其他与影视相关的工作

广告策划

策划影视广告。在短短几十秒的广告时长之内，使观众对商品产生兴趣。

艺人经纪

安排艺人的通告、工作。为提升艺人的人气做宣传。

电影导演

电影集体创作的领导者。为了创作出好作品，有时会对工作伙伴非常严格……

最近有些人会将自己拍摄的作品上传到网络，靠点击量来赚钱哦。
真的吗？
钱的味道
灵
感
你对影视行业还真是了如指掌啊……
当然啦……我可是童星出身呢……
出演过大制作哦！
真的假的？
骗你们做什么？我有照片为证！
小时候很可爱啊♪
头肩比有些奇怪。
发量惊人！
小时候更爆炸！
哈！
哈！
哈！
我可是灌木丛角色的不二人选哦！
灌木丛……

叶人好用功啊。
在读书吗？
书馆
梦山图书馆
我在看《以为脚下是一枚普通的硬币，但其实是一种神秘的金属啊》……
不知所云
原来……如此……
是一本诗集。
在读诗吗？
对诗歌一窍不通……
周末还在图书馆用功真了不起！
一起来看一看适合爱看书之人的工作有哪些吧！
是爆炸头……

适合爱看书的小朋友的工作

书店店员

向顾客贩售店内丰富的书品。

小说家

创作虚构类或是纪实类小说。

图书馆管理员

负责藏书的选品、整理、办理借还手续等工作。

编剧

创作电影或是电视剧的剧本。

与情绪有关的工作

总能与书中人物或是作者产生共鸣，对人们的情绪感兴趣的小朋友，为你推荐以下工作哦！

心理医生

运用专业的心理学知识，帮助处于精神危机中的人们找到问题的根源，打开心结。需要资格认证。

心理学家

研究人类心理的专家。除了在大学和专业机构中做科学研究，也会投身于医疗或是侦查等领域。

展现语言魅力的工作

书法家

创作融入个人风格的书法作品。

诗人、散文家

创作诗歌、散文。骨子里的感性是不可或缺的。

主持人

为观众清晰准确地播报节目或是解说赛事。

单口相声演员

在台上抖包袱，说相声。有时要一人分饰多角，给观众带来欢笑。

对外外语老师

教授外国人纯正的本国语言。除了会话和写作等基本课程，还要为学生介绍本国的文化生活。

梦山图书馆
梦山图书馆
话说回来，爆炸头大叔你借了什么书啊？
没什么！小孩子看不懂的书啦！
藏在背后
悄悄
糟了！
干得好！
咻！
《桃花滚滚来》《帅哥潮男养成记》？
哇……
大开眼界……
不正经……
真丢人！
钻地缝
噗！

帅气！

可爱！

制服大变身 1

厨师

佩戴厨师帽，防止头发在烹饪时掉落。

幼教

有了围裙，弄脏也不怕。

美发师

方便取出梳子和剪刀的打扮。

我喜欢美食

我奶奶做了美味棉花糖！
甜甜蜜蜜♥
也给美典做了一个哦！
真的？
太感谢啦！
好棒！
我就不客气啦！
太
口
巧克力味的棉花糖
很少见啊！
不对劲
这块
那是我的头发啊……
好痛……
惊……
美典太贪吃啦……
好强……
竟然把爆炸头认错成棉花糖。
因为美食总在诱惑我！
把美味吞进肚子！
干劲
咖喱饭
意面
牛排
乌冬面
秃
啊啊啊……
赶在所有人之前！

和美食有关的工作

农民

种植、收获蔬菜瓜果。

美食评论家

评论餐厅的美食、服务等。

美食研发员

研发全新的菜单菜品。

分享美食的工作

擅长算账

餐厅老板

经营一家餐厅，为顾客送上美味佳肴。

餐厅

咖啡馆

侃侃而谈

美食播报员

在电视节目中为观众推荐各路美食。试吃的同时，描述菜品的味道、对餐厅的印象等细节。

酒品知识渊博

侍酒师

为顾客推荐与料理相配的美酒及最佳的品酒方法。

制作美味料理的工作

厨师

在餐厅厨房烹饪美食。

食堂厨师

在学校里为学生准备伙食。

制作各路美食的职业大不同哦！

看你对美食这么有热情，这个送给你！
爆炸头招牌棉花糖的……
我就不客气啦！
猛地
等一下！
我的傻孩子！
咔！咔！咔！咔！
这个声音……
牙齿？
思考
啊……
七零八碎
我的话才说到一半啊……这个是棉花糖模型啦……
品牌宣传
美典还是太贪吃啦……
无语！
看清楚再吃也来得及啊……

自由职业者

拥有某项专业知识或技术，也可以选择做一名自由职业者。工作节奏由自己掌握，根据个人能力，收入也会有所不同。

例：●摄影师 ●漫画家
●设计师 ●作家

兼职·打零工

可选择工作天数和时长。有些公司或店面允许同时做多份兼职。

生意人

负责公司的运作，善于发现人才，应具有强烈的责任感和敏锐的洞察力。

社会上的各行各业

小朋友们有没有感到眼花缭乱啊？
你会选择哪一种职业呢？

公司职员

工作时间和地点由公司安排。通常公司职员比自由职业者的收入稳定，并且享受职工福利。

国家公务员

处理国家、地区（城乡）的公共事务，管理社会经济秩序和国家公共资源。由国家财政负担工资福利。

警察、法官也属于公务员。

我喜欢 音乐

这曲子好美。
嘀嘀嗒嗒♪
陶醉
收音机？
此刻我想与您分享《过马路圆舞曲》。
可可咚咚♪
下午好，这里是爆炸头广播。听众朋友们有没有度过一段美好的午后时光呢？
爆炸头广播中！
这个声音……难道……
是爆炸头……
我打保票……
那个双马尾的女孩，还有那个自我感觉良好的男孩！
对与音乐相关的工作有没有兴趣啊？
惊
惊
在广播里和我们讲话？

与音乐相关的工作

歌手

发行专辑，在舞台上演出。

指挥家

指挥管弦乐队相互配合，演奏美妙乐章。

演奏家

用各式各样的乐器演奏音乐。

与制作、传播音乐有关的工作

DJ（Disc Jockey）

在娱乐场所不间断播放时下热门音乐。

作曲家

创作流行歌曲、广告音乐、游戏音乐等。需要具备专业知识与音乐天赋。

音乐制作人

为表现歌手和演奏家的独特魅力，制订音乐计划、创作音乐等。

与乐器有关的工作

调音师

调整钢琴的音准和音色。

乐器师

制作新乐器，修理乐器故障。可以先进入乐器行做学徒，慢慢积累经验。

为这良辰美景献上一曲。
嘀嘀！嗒嗒！嘀嘀！嗒嗒！
嘀嘀！
嗒嗒！
啊！
爆
炸
!!
糟糕！
吹破啦！
爆炸？
我该怎么办？
拿到乐器行给师傅修理一下吧。
不要慌……
我的叶么一朗啊！
有没有在听我讲啊？
呜哇哇哇！
跪
地
给小号起了个名字？
看来出道是有一定难度的……

我想当明星

叶人君好帅啊！
不如说是好美！
灵活
听我说听我说！
第三者
我昨天去吃烤肉啦！
骗人！
太搞笑啦！
哈哈！
哈哈！
……
放弃
拉开
他们错过了我最新的姿势，真是可惜……
反正你就是想当明星咯？
不要一副苦相啊……
除了拼颜值，还有许多成名的方法哦！
聚光灯

想成名？方法有很多！
耀眼
爆炸头！
在学校里……

展现自己的独门秘技

爱你！
爱你！
一副好嗓子
精通一门乐器
刺啦刺啦！
偶像
歌手
演奏家
轮到我的小号登场了。
跃跃欲试
还是不要吧……那个蛮难的……
要表演爆炸嘛……

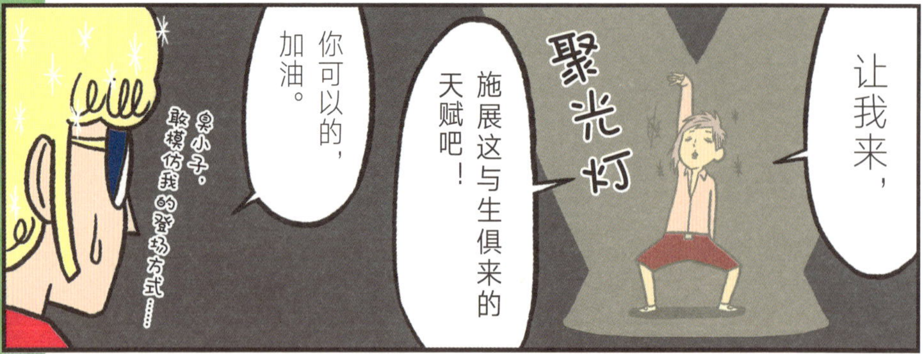

展现出众的才华

配音员

模特・演员

运动员・替身演员・舞者

施展出众的才华……
踏上属于自己的人生大道吧！
?!
抢镜
孩子气
话已至此……
嗯？
老师！有怪人！
他是谁？
怎么办？
糟糕……
不要慌！我来啦！
啪！
校长的登场方式太奇怪了吧！
恭敬
许久不见！
校长……
原来校长才是焦点……
互相认识？

来来来！乔布维奇！准备好！
乔布维奇（博美2岁）
去吧！
咻咻咻！
汪！
咻咻咻！
哈！
哈！
屁屁
汪……
咬住
汪!!
落地
嘿嘿！许多工作都会和小动物打交道哦！
大叔跑得比我还快！
乔布乖……
无精打采

为喜欢动物的小朋友推荐

饲养员

照料生活在动物园或水族馆里的动物。取得动物们的信任非常重要哦。

兽医

治疗生病或受伤的小动物，提供小动物健康咨询。

美容师

负责打理宠物的毛发、指甲等，对宠物的体貌特征要十分了解哦。

驯兽师

为了让宠物和主人可以和谐相处，在训练中规范宠物的行为习惯。为宠物的主人提供饲养上的建议。

为喜欢植物的小朋友推荐

花店店员

贩售各种各样美丽的植物，提供专业的种植建议，为顾客制作花束。

植物学家

研究各种各样的植物。发现自然界的新物种，保护濒危物种。

花卉造型师

根据顾客的需要制作花束，或是用花卉装饰会场。

如果对动物、植物都没有兴趣……
什么？
往下看！
没关系！还有很多选择！
渔夫
出海捕鱼。如果去远洋的话，可能大半年都会在海上生活。
喜欢吃海鲜
也可以选择养殖业哦！
农夫
培育蔬菜水果并出售。体力和毅力同等重要！
喜欢吃新鲜的蔬菜
哇！听上去就要流口水！
侧
哈哈！
太适合美典啦！
哼！竟然把我当成个吃货！
乔布，去咬他！
乔布维奇（博美2岁）
好痛!!
咬住
汪！
我知错啦！

不擅长的事情也通往梦想？

老师小的时候竟然不擅长数学？
真意外！
加油！
不擅长的事或许正是打开梦想大门的金钥匙哦！
小时候总是病恹恹的，长大后却成为一名医生……
咳嗽
咳嗽
让我来为大家治病！
踢空
糟了！
小时候完全没有运动神经，长大后却成为一名健身教练……
在不喜欢、不擅长的事情中，或许也能发现自己的梦想哟！
加油！
加油！
我也试试看！

今日马拉松大赛
美典，等等我们！
你好歹站起来啊！
你们两个太慢啦！
呼气
吸气
嗒！
嗒！
美美美典!!
说好一起冲线的！
嗒嗒嗒嗒！
抱歉！我先行一步啦！
幸福
哇——跑步太开心啦！
懂你！
爆炸头老师！
美典今后想做与运动相关的工作吗？

我喜欢运动

擅长某项运动

运动员

足球、棒球等各式各样的体育项目可供选择！

传递运动的快乐

健身教练

在健身房指导学员，教授健身课程。

体力充沛

登山家

独自或是带领登山队挑战险峻的山峰。

贴身保镖

贴身保护委托人的安全，防止其受到侵害。

保障人身安全的工作

急救队员

救助遭遇事故的伤员或急病患者。在到达医院之前，为维系生命进行紧急抢救。

救生员

在海边、川流湖泊、游泳池等地，预防溺水事故的发生，或对溺水者进行抢救。

警察

贴身保镖

消防员

原来体力充沛也是一种优势啊！
喘
当然啦……
喘
哈！
哈！
呼！
呼！
倒地
你还好吗？
喘
我没……没事……
喘
喘
因为运动中的突发状况时有发生……所以还有一种职业叫作运动医生。
喘
喘

在后场支援运动员的工作

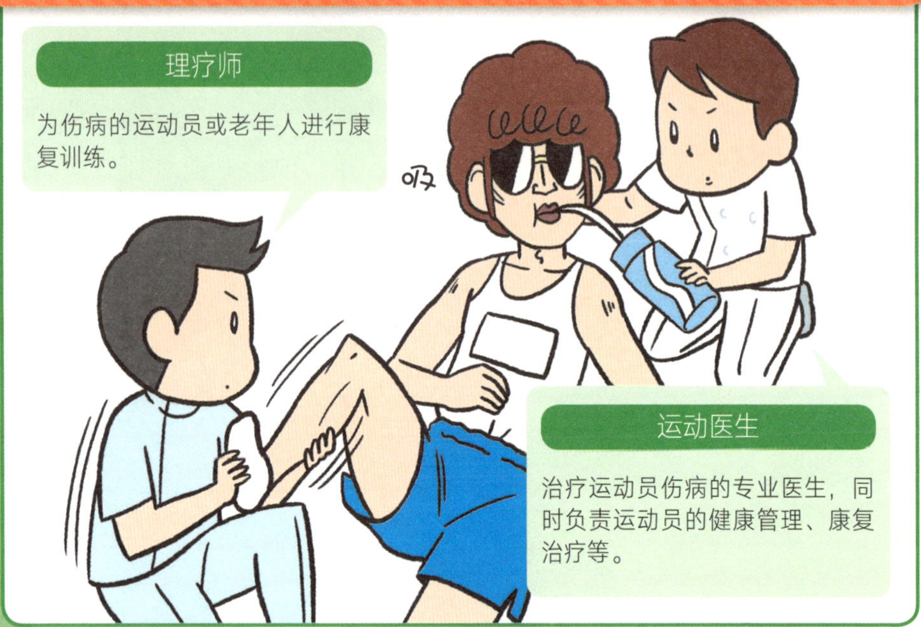

你喜欢哪项运动？

五花八门的专业运动员

我喜欢潮流时尚

风和日丽的一天
望美把大家召集起来……
本人来须望美，
决定将来要做一名时装模特！
好的好的，了解！
你辛苦啦！
请好好加油！
完全不走心！
你们两个！
话说回来，
望美前不久还想当上班族的！
嘿嘿！
不正经
讨厌！人家这次是认真的啦！
这家伙！

我已经搜集了很多资料！
人气模特每天穿漂亮衣服，还能赚很多钱！
最适合可爱的女孩子啦！
闪亮
你知道人气模特的秘诀吗？
秘诀？
我没听错吧！她刚刚说自己很可爱？
摇
摇
吹
当然啦！！
因为有专业造型团队的支持啊！
啊！
丢
撞
造型？我没听错吧？

与摄影相关的工作

化妆师

整理模特、艺人的发型和妆容。

造型师

根据造型需要，为模特搭配服装和配饰。

服装设计师

设计服装、配饰，走在时尚前沿。

珠宝设计师

设计戒指、项链等配饰。

与时尚、造型相关的工作 1

幕后团队吧！

与身体保养相关的工作

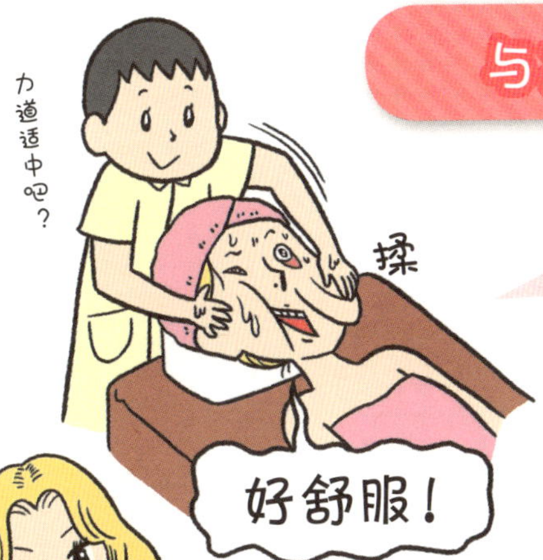

美容师

按摩脸部和身体，改善顾客肌肤的状态。

美甲师

修剪指甲、涂上漂亮的指甲油，也会处理指甲的损伤。

与时尚、造型相关的工作 2

逛街的时候，也会发现有趣的工作哦！

服装店店员

为顾客推荐并售卖适合的衣服。

美容顾问

为顾客说明化妆品的使用方法，要有化妆、保养皮肤等专业知识。

没错！这世间的美好……
都有这些美的使者的功劳哦！
看我看我！
锵锵！
涨知识了……
太不走心了！
第二回！
无语……
好美……
好喜欢！
真的假的？
这就是我一直以来追求的美啊！
不会再放开你！
不要啊！
快放开我！
好害羞！
叶人对美的感知力真是很特别……
抱
紧

职业在变化

我们的社会每天都在进步，尤其是互联网的高速发展，使得我们的工作方式更灵活，也催生了许多新兴行业。

工作方式的改变

在办公室工作

每天到公司打卡上班，这是比较普遍的工作方式。

在家工作

在家办公的工作方式也逐渐得到认可，并且受到主妇们的欢迎。

海外合作的拓展

文稿、画稿可以通过网络轻松传输，使得国际合作更加便捷。

创业者

发挥个人的才能创业，许多创业者在从事新兴行业。

职业在变化

随着社会的进步，某些工作不再被需要，更多的人会投入新兴行业之中。

不出意外

20年后会消失的工作

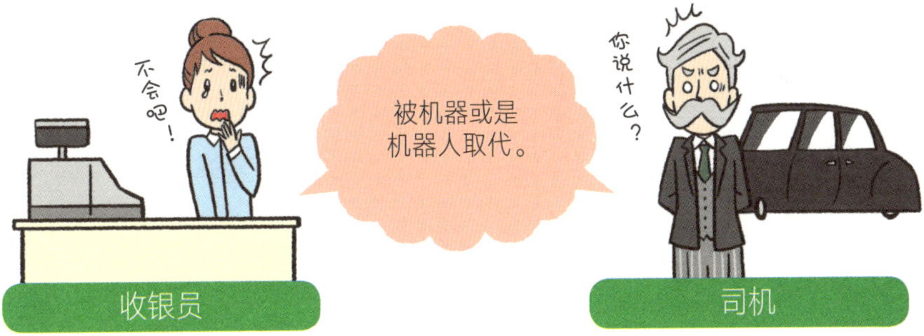

更多的人将会加入

我对交通工具感兴趣

少爷，我来接您回家。
管家……
哦？
管家的开车技术特别好哦！
完全不会颠簸……
开车真是太酷了！
真的？
脸红
我可不仅仅会开车哦！
为少爷奉献自己的一切。
所有的交通工具我都可以驾驭！
惊涛骇浪

驾驶交通工具的工作

少爷！
我做到啦！
F1赛车手
少爷！
飞行员
出租车司机
少爷！
下一站是少爷站！少爷站！
邮递员
公交车司机
叶人号
船员
为了少爷，我可以上天入地。
过奖，过奖！
太厉害了……
欣慰
我的管家真是全才啊……

制造和维修交通工具的工作

设计师

研发新款车型。外观设计、零部件设计、安全检测等部门分工明确。

维修工

处理车辆故障、定期安检，保证车辆安全稳定地运行。

与交通工具有关的工作

空乘员	起重机驾驶员	铁路公司职员
确保飞行中乘客的安全，并提供贴心周到的服务。	在施工现场驾驶挖掘机或是起重机作业。需要专业资质。	为保证火车可以安全高速地运行，制订每日运行计划，并为乘客提供服务。

我会教给你在课本上学不到的知识哦！
机器人爆炸头小Z
登场！
没有我的戏份的时候，这个小机器人会陪着你们哦。
很可爱吧！
哇！好厉害！
不懂的事情都来问我吧！
哈哈，真像那么回事！
还会说话呢。
里面是怎样的构造呢？
咔！
住手！

对事物的构造感兴趣……

机器人工程师

设计开发为人类服务的机器人。目前医疗、看护、抢险救灾等领域都有机器人工作的身影。

医生

为受伤或生病的人们看诊治疗。医生要不断地学习才能跟得上医学的发展哦。

科学家

探索自然界的奥秘，反复观察实验，得出研究结论。研究范围涉及物理、化学等领域。

生物学家

探索动植物的奥秘。为了了解生命体的构造，要研究遗传学的课题。要成为生物学家，数学和化学知识也非常重要哦。

对天气和宇宙感兴趣的话，就往下看吧。

和天空有关的工作

天气预报员

分析预测天气的变化。需要专业资质。

宇航员

在太空站里，进行与人类的未来息息相关的科学研究。拥有应对各种复杂状况的体力、脑力和表达能力。

天文学家

在大学的研究所或天文台等机构工作，为揭开宇宙的形成过程进行科学研究。

啊……
完全坏掉了……
脖子也断了……
为什么要这样对我！
我一直在道歉啊！
没有听到吗？
吵……
你说什么？
不要吵架。
要和睦相处……
爆炸头
爆炸♪
爆炸头爆炸
砰！
啊啊啊！我的发型！
蓬松
为什么连我也变成了爆炸头！
吵死了！
这是小Z最后的杰作啊！
很时尚啊！
这个样子怎么去学校啊！

我喜欢做手工

嗨！
望美的发卡真好看啊！
这个吗？
我亲手做的哦。
如果批量生产，会不会热卖呢？
灵感来了……
欸嘿嘿！
头发真厉害。
好可怕，好可怕，好可怕。
虽然做手工很有趣……
不过我手很笨的……
嗯……
想尝试手工行业吗？
闪亮
爆炸头大叔！
OK
你的头发……
我亲手做的蝴蝶结。
很可爱吧？
蓬松蓬松
领教了……

用灵巧的双手创造未来呀!

手工行业

手工业者

制作配饰或是零钱包等小物件。

裁缝

缝纫布料来制作衣物。可以选择在家或是在裁缝店工作哦。

道具师

制作在电视节目或是电影里使用的大大小小的道具。

特效化妆师

把演员化出怪物、老人等形象，或是制作变装面具。

制造大物件的工作

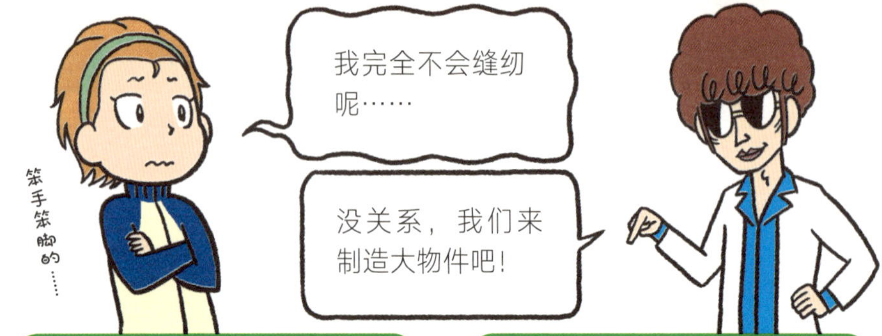

制造交通工具

在工厂里组装零部件，制造出汽车、飞机、船等交通工具。

建造房屋

加工组装木材、金属等材料，建造住宅、大厦、桥等建筑物。

美化庭院

设计私人住宅的院落、公园、游乐场等场所的绿地。

与艺术相关的工作

陶艺家

用陶土制作陶器等艺术品。

雕刻家

用木头、石头、土等材料创作立体的雕塑作品。

花艺师

用花卉装饰酒店、会场的空间，开设插花课程等。

如果擅长计算机的话，可以尝试以下工作哦！

与计算机相关的工作

动画设计师

在计算机上创作动画。

制作总监

带领制作团队制作广告海报或是宣传短片。

程序员

从事程序的开发设计和维护。

网页设计

设计网页上文字和图片的呈现方式。

亮
相
超美型叶人限量款手办！
卖得出去吗？
笨手笨脚！
喂！
扎
心
亮
相
来看我的杰作吧！
这是什么？
好逼真！但是不买。
做工真好，但是不买。
……
这肌肉线条真美，但是不买。
吵吵闹闹
完全没人气！
呜哇哇！
做手艺人真难……
捶

我喜欢英语

Excuse me!
Where is the station?
Please!
啊……呃……
椅子？
！
Go straight and turn right!
It takes 5 minutes!
Wow! Thank you!
好厉害！望美的英语真流利！
得意忘形
我是活跃在国际舞台的女子！
剪刀手
羡慕
鼓掌
擅长英语？
真厉害呀！

用英语交流的工作

口译

为了让不同语种的人顺畅地沟通，口译员在中间进行翻译。

酒店服务员

为世界各地的游客顺利地入住酒店提供帮助。

英语老师

给小朋友或成年人教授英语课程。

想要活跃在国际舞台的小朋友看过来！

说一口流利的英语，走出国门吧！

贸易公司职员

从事国际贸易往来，进出口汽车、宝石等商品。

导游

陪同国内外旅行团环游世界。

翻译家

将国外的图书或报道翻译成本国语言。

只要功夫深，铁杵磨成针！
Let's go!
跟我一起读！
Apple.
AAApple...
叶人来啦！
铃铃铃铃！
叽里呱啦叽里呱啦……
叽里呱啦叽里呱啦叽里呱啦叽里呱啦叽里呱啦叽里呱啦叽里呱啦叽里呱啦叽里呱啦叽里呱啦叽里呱啦……
哇哈哈！
叽里呱啦叽里呱啦叽里呱啦叽里呱啦叽里呱啦叽里呱啦叽里呱啦叽里呱啦叽里呱啦……
他在讲哪国语言？
完全听不懂……
银河系语种？
意料之外的才能……

火车驾驶员

佩戴帽子，身穿制服。

随身携带对讲机和精确到秒的列车时刻表。

火车乘务员

佩戴各式各样的领结。

提供餐点时会穿上围裙。

银行职员

落落大方，身穿容易让人产生信赖感的制服。

亲民的设计感。

工人

为了防止被落物砸伤，工人都会佩戴安全帽。

身穿工装，鞋子也要便利舒适。

护士

为了能及时发现衣服上的脏污，护士服一般都是浅色的。

行动便利的鞋子。

餐厅服务生

每个餐厅的制服都有独特的设计。

为了保持制服的整洁，服务员一般会系围裙。

我喜欢热闹的地方

明天……
呀吼呀吼！
要去春游啦！
那么期待呀？
当然啦！一起热热闹闹地出去玩，太开心啦！
我可喜欢探险了！
太棒啦！
太棒啦！
嗒嗒！
嗒嗒！
嗒嗒！
嗒嗒
冷静……
望美也期待远足吧？
啪！
吓
真是苦恼啊……
忧郁
强烈的阳光可是肌肤的天敌啊……
忧郁
忧郁
这也是审美意识嘛……
就让在下介绍适合你们的工作吧！

导游

在随团旅行中，带领游客游览目的地。路上也会组织游戏来活跃气氛。

我喜欢户外

饲养员

照料生活在动物园或是水族馆的动物们。照料大型动物需要充沛的体力哦。

主题乐园的工作人员

为游客做向导，参与助兴或是游行表演，营造轻松愉快的氛围。

对未知的世界充满好奇

记者

追踪时事热点或做社会调查，从事新闻报道和采访工作。

冒险家

喜欢挑战未知，需要具备充沛的体力和较强的野外生存技能。

新闻摄影师

拍摄刊登在报纸杂志上的新闻快照，或是录制新闻报道。摄像机又大又重，体力要跟上哦！

用摄影来表现美，听上去不错哦……
话说回来……
爆炸头大叔为什么这副打扮？
你们坐大巴去吧？
我和你们一起去春游，顺便给你们做导游。
这身制服是我精心挑选的！
怎么样？适合吗？
那个……
价格不菲哦！
我特别预定的。
那个……
我们是坐公交车……
抱歉
美感
心疼
……
刺
啦

我擅长数学

加油！
望美这次考试又是满分，真棒！
耶！
又是满分？
真的假的？
20
真羡慕望美，擅长数学……
我对数学一窍不通啊……
生活中也会用到数学呢！
精打细算才能存下钱……
存钱！
又这样！
嘿嘿嘿！
如果对数字敏感，何不尝试和金钱打交道的工作呢？
可以充分发挥数学的优势哦！
匍匐
在打蟑螂吗？
吓！
这又是什么打扮啊……
我是侦探！
调查中……

我喜欢算数

税务师

掌握税务的专业知识，处理企业的财务和税务问题。

银行职员

为顾客办理存钱、贷款等手续。

营养师

制定营养均衡的食谱。

经理

作为公司的代表，注重产品品质与品牌形象。为了使公司正常运作，也要时刻关注公司的财务状况。

喜欢解题的小朋友，可以尝试以下的工作哦。

满满的求知欲

喜欢在答案揭晓前，努力转动脑筋思考的小朋友，下面的工作适合你哦。

学者、研究员

在专业领域中，通过实验不断探索未知，最终以论文来展示学术成果。

法官

依据法律知识解决诉讼，判断被告人是否有罪，并决定量刑程度。冷静思考是关键。

我喜欢图形

建筑师

设计住宅或大厦等建筑物的外观和构造。

室内设计师

设计房间的装潢、家具的布局，负责建筑物的内部装修。

我喜欢看漫画

不要伤心了。
甜蜜
甜蜜
来吧！♥
爱吧波西米亚
嘿嘿嘿……
小美典在做什么呀？
甜甜蜜蜜？
扑哧！
糟糕！
我在看漫画！不要打扰我！
讨厌啦！
真小气！
切！
慌张
慌张
美典有超多的少女漫画书！
对漫画的热情也可以施展在工作中哟！
讨厌……小秘密被发现了……
爱吧

对漫画的热情可以如此施展

漫画家

设计角色和故事线索，绘制漫画。除了擅长绘画之外，想象力与恒心也同等重要！

插画家

为图书或是广告配上插画。

编辑

提出图书的出版计划，其间与作者、译者等相关人士保持沟通，最终出版发行图书。各出版社都各具特色哦。

喜欢看动画片或是打游戏的小朋友注意啦！

配音员

配合主人公的动作，按照台词来配音。不小心患感冒，声音沙哑可就大事不妙了，因此配音员都要好好保护嗓子。

动漫画师

创作动漫画稿，每个流畅的动作都是由多幅画稿组成的，所以相似的画面要重复创作多次。

游戏设计师

负责提供创意、设计画面、制作动画、创作音效等。游戏通常由一个团队来制作完成。

疲惫
今天真是太丢人啦……
躺平!
终于可以继续看了!
爱吧波西米亚
翻
咦?
《爱吧波西米亚》
作者简介
福泽勇希
专注于创作……
谢谢读者……
最近……
嗯?!
在这个宁静的夜晚……
不要啊!
不要啊!
不要啊!
不要啊!
……
不断传来少女的惨叫声。

日程太紧张要怎么办

咦，叶人？
喂！
哈
哈
抱歉，我现在有点急事，我们晚点再联络吧！
你那是在忙？
小碎步
悠哉
悠哉
准备去哪里啊？
啊！
首先练习小号，然后照镜子练习各种姿势，然后照镜子画自画像，然后照镜子拍写真，然后再照镜子……
咄咄逼人
你的日程太紧张啦。
今天能全部完成吗？
这个嘛……
没自信……
听从缪斯的指引。

按照自己的喜好，给日程排序吧！

日程太紧张的时候，首先要选出最想做的事情，然后依次排序，制订出一个完美的计划。

1 首先写下你的日程。

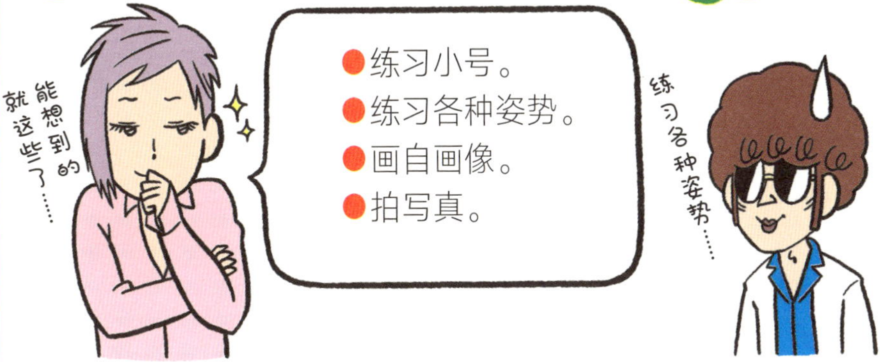

2 选出其中最想做的事情吧。

3 完成最想做的事情，得到满足之后，开始着手做第二件事吧！

重复1～3步，就会发现自己的爱好哦。

总排在第一位的事情，或许就是你的梦想哦！
原来如此……
那么就让我进入练习状态吧……
叶人！
听说超市正在请顾客试吃点心！
叶人你快来排队！
嗒嗒嗒嗒！
噗噗噗！（流泪）
我们借用一下叶人！
练习都还没开始……
美男子的生活也不易啊……

第3章

实现梦想的秘诀

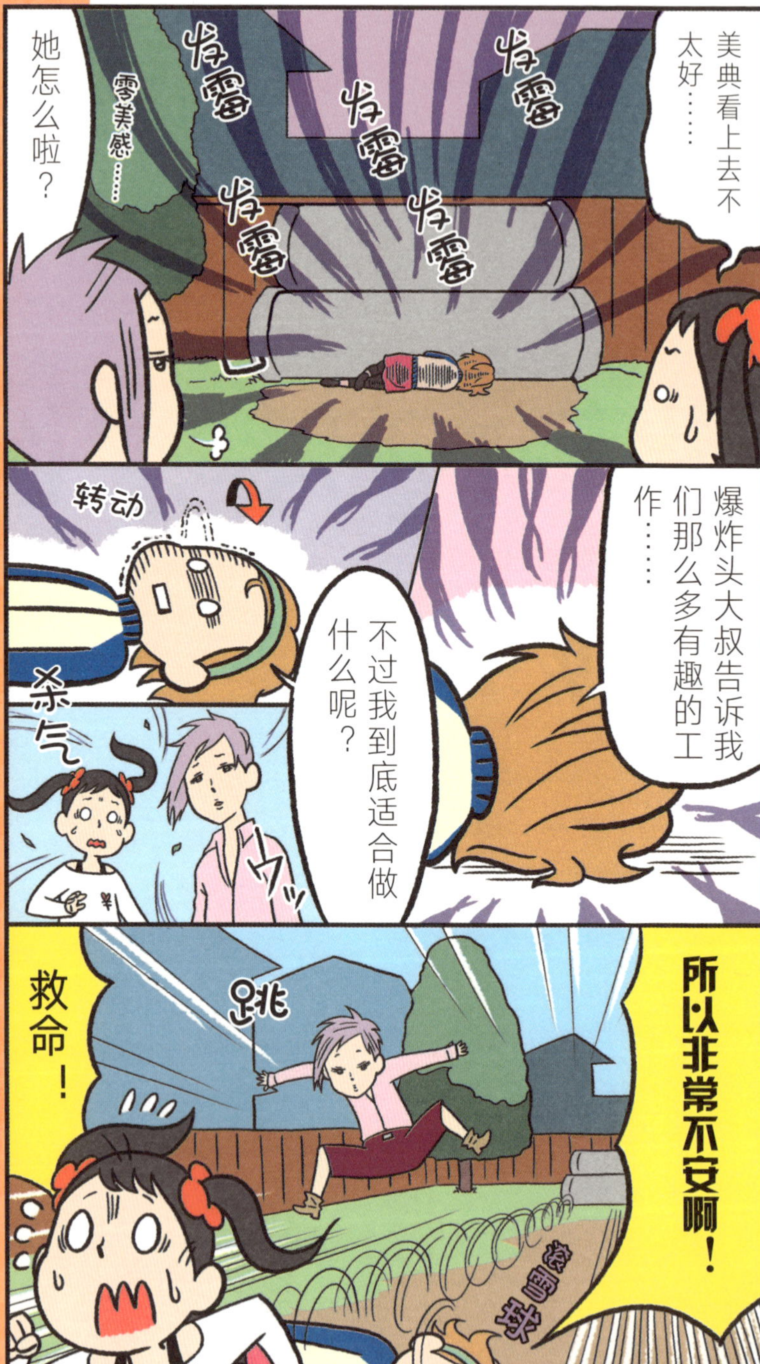
美典看上去不太好……
她怎么啦？
零美感……
发霉
发霉
发霉
发霉
发霉
爆炸头大叔告诉我们那么多有趣的工作……
不过我到底适合做什么呢？
转动
杀气
所以非常不安啊！
跳
救命！
滚雪球

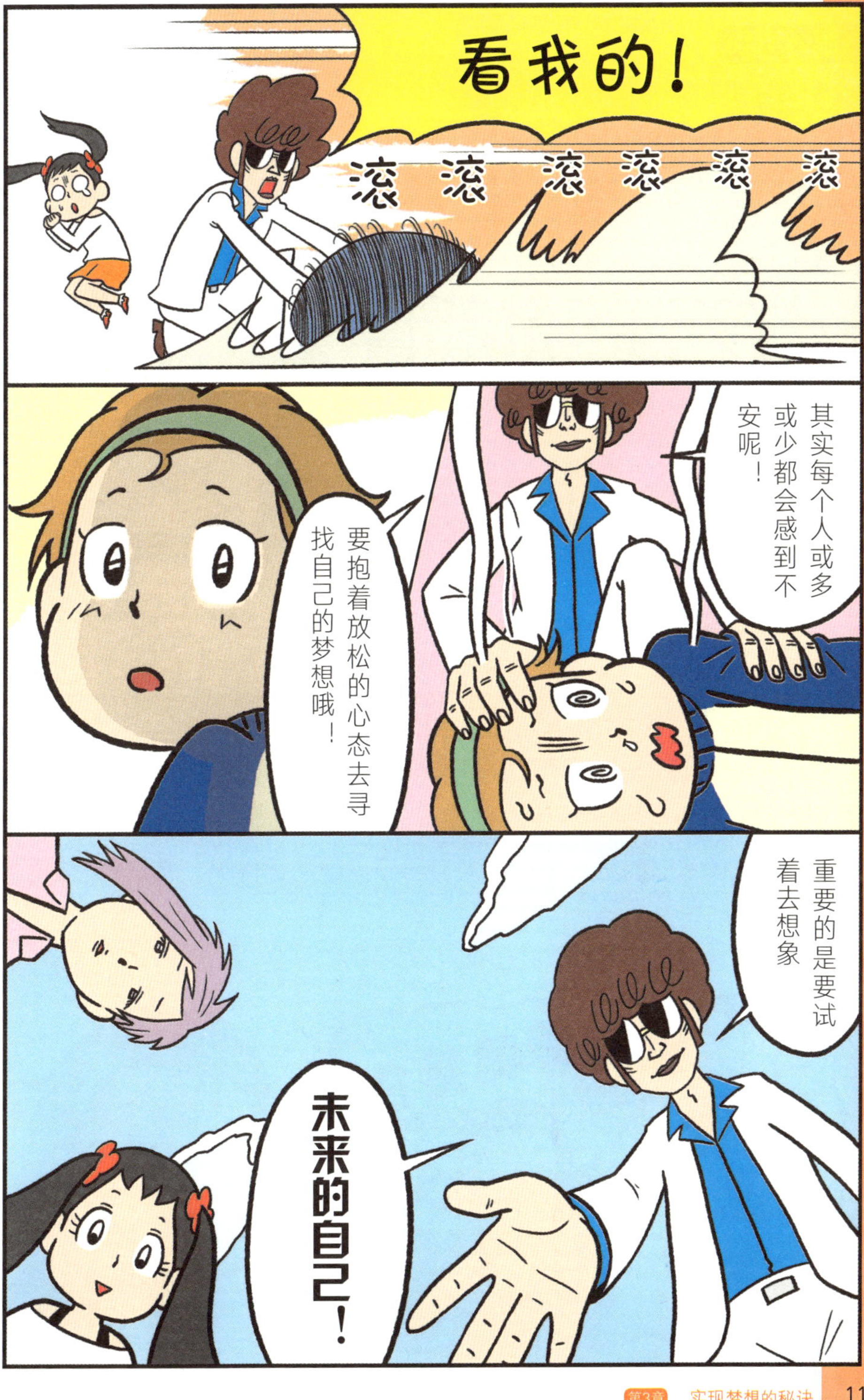
看我的！
滚滚滚滚滚滚
其实每个人或多或少都会感到不安呢！
要抱着放松的心态去寻找自己的梦想哦！
重要的是要试着去想象
未来的自己！

第1步 找到自己的爱好与特长

找到自己喜欢做的事情、擅长的事情。感到困惑的时候，不妨去询问家人和朋友的看法吧。

第2步 思考自己想成为怎样的人

自己的爱好与特长中，哪些能成为一种职业呢？感到困惑的时候，重读本书的第二章，找到自己感兴趣的工作吧。并试着想象工作中的自己！

第3步 思考目前可以着手做的事情

想象自己工作的样子之后，为了实现梦想，我们要思考目前可以做哪些努力，找到适合当下的目标。

能想象出未来的自己吗？
真兴奋啊。
心动
嘿嘿嘿♥变成有钱人啦！♥
心动
签名要好好排队哟！
心动
如果想尝试的工作有许多，那么每一个愿望都要好好考虑哦！
那些美好的画面正是你们的梦想啊！
想象出未来的自己之后，剩下的就是朝着梦想努力前进啦！
夕阳

如果已经下定决心，那么就从现在开始努力吧！
好！一起迎着夕阳前进！
好耶！
从现在开始？
惊 惊
跑步？
难道……
拒绝运动
倒
果然！
撑
光明的未来，我来啦！
好耶！
不要靠着我！
等等我！
你也快跑起来！
拖地 拖地

真想快点长大！
变成人气模特，赚大钱！
望美一定可以的！
望美特别可爱呢！
十分抱歉……
恶魔
说话要走心啊！
威胁
虽然人家确实很可爱的……
要沉住气啊！
在长大成人之前，你们还有许多功课要做呢！
现身

对未来有益的好习惯

1 守时

按时到校，准时赴约。我们时刻都要做到守时，长大后也是一样。所以为了能遵守约定的时间，我们要提前行动起来哦。

○ 守时……

获得信赖

× 迟到……

失去信赖

2 及时传达消息

重要的事情要及时传达，不然会给身边的人添麻烦哦。

○ 及时传达……

感到安心

× 没有传达……

制造麻烦

接下来

3 向身边的人寻求帮助

当遇到一个人难以解决的事情时，向身边的人寻求帮助吧，或许问题会迎刃而解哦。

○ 向朋友寻求帮助……

找到解决方法

× 没有寻求帮助……

一个人冥思苦想

4 坚持不懈的努力

遇到学习上的难题时，反复研读课本和参考书，直到解决问题为止。这样的钻研精神是非常可贵的。长大以后遇到困难的时候，也要有解决问题的自信哦。

○ 付出努力……

信心满满

× 没有付出努力……

失去信心

所以从现在开始努力吧！
破功！
吓
啊！
哇哇哇……
稳……
得救了……
从现在开始？
!
我明白啦！
美典！叶人！
在！
为了实现模特的梦想，我要开始努力啦！
你们陪我一起！
先去健身房，从拉伸开始！
她已经学会寻求帮助了……
可怕的头发……
考虑一下和头发相关的工作？
好惨

他们的梦想是什么？

叶人家的餐桌上
爸妈，你们当年是怎样选择职业的？
嗯……我小时候就非常喜欢画画……
父：超有名的画家
我在逛街的时候被星探发现了。
母：元老级偶像
和想象中完全不同……
以为十分坎坷……
※想象中……
画得像一坨大便!!
啊啊！
啊啊！
落选的岁月……
落选。
糟糕……
再一次！

我也想和你们一样啊……
真是羡慕呢……
叶人有感兴趣的职业吗？
我拥有数不清的梦想……
这世间的美深深地吸引着我……
这无与伦比的美……
哥哥！
请不要随意给克里斯蒂娜换衣服好吗？
肌肉人？
克里斯蒂娜
妹妹，小学一年级
哎哟哎哟，看来你的审美能力有待提高呢。
我这妹子可惜啦……
看来还是任重而道远啊！

do re mi fa so la xi do
之前爆炸的小号！
叶人进步真快啊。
不过似乎到了瓶颈期呢……
叹
仅仅通过日常练习，想要达到职业水平是很难的哟。
钻出
努力地练习，梦想也可能无法实现？
大叔是在里面过夜的吗？
今天早上才钻进来的。
想达到职业水平是有很多方法的。

实现梦想的途径多种多样！

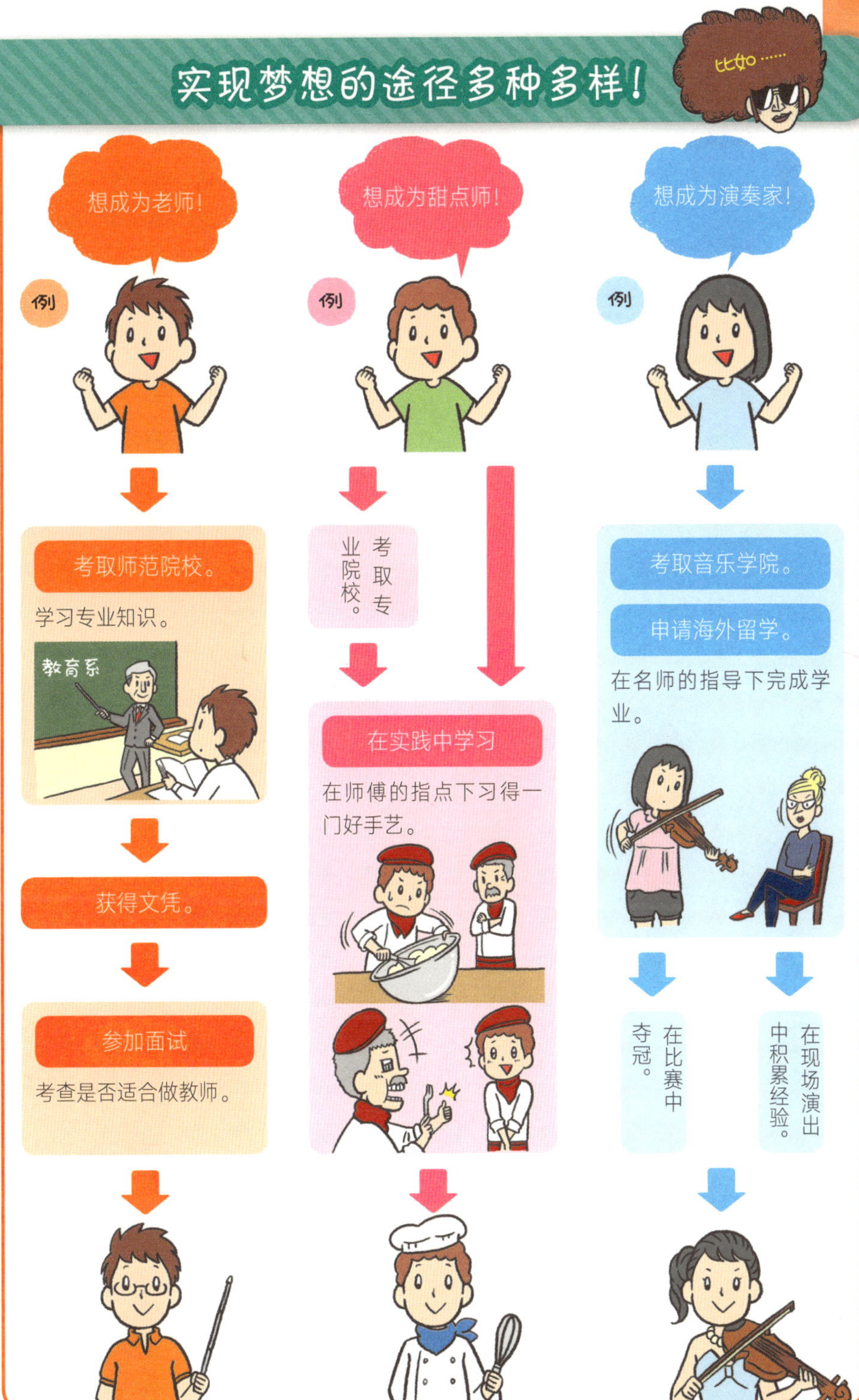

去了解自己感兴趣的工作吧！

1 查阅资料

从书中或是网上查找自己心仪工作的主要内容以及入行的方法吧。

2 探访工作现场

偶然发现心仪的工作时，在不扰乱正常工作的前提下，去实地参观考察一番吧（须由成年人陪同）！

3 直接向工作人员发问

有机会的话，直接找工作人员解答你的疑问吧。
慢慢地你就会对心仪的工作有大致的了解。

原来如此！
有些工作是需要进入专业院校，拿到文凭之后才可以胜任的啊。
聚光灯
叶人怎么啦？
怎么哭啦？
原来……海外留学才是开启梦想的金钥匙啊……
闪亮
闪亮
终于找到前进的方向啦……
让我用小号来表达此刻的喜悦吧！
敬请期待……
来一个！
哇！
鼓掌
鼓掌
鼓掌
噪声
又要爆炸啦！

工作 究竟是怎么一回事？

美典的家
我回来了……
您回来啦！
今天也是忙忙碌碌的一天啊……
摇摇晃晃……
如果太累的话，就请假休息吧。
工作就交给其他同事！
可不能随意地休假呢。
欸？刚刚不是说很辛苦吗？
工作不只是付出哦！
好！今天爸爸就好好跟你谈一下工作吧！
丢

为什么要工作？

工作的目的可不只是赚钱哦，在工作中可以积累许多宝贵的经验！

1 可以接触到许多优秀的人

工作中会和各种各样的人打交道。要善于发现对方身上的优点，不断地学习，从而提升自己的工作能力。

2 找到人生的价值

完成一项工作并得到上级的认可，会获得满满的成就感。这也是在职场中继续前进的动力哦。

3 成为一个有用的人

辛勤的工作可以推动社会的进步，被人需要的时候感到特别满足。

工作中要重视的事情

1 强烈的责任感

工作时要尽善尽美地完成任务。并且不只专注于分内的工作，当同事遇到工作上的难题时，也要给予帮助，这样会赢得同事的信赖哦。

2 注意身体

为了保持良好的工作状态，健康的身体可是本钱哦！无论工作多么繁忙，都要保证营养均衡、睡眠充足哦。

工作中也有烦心的时候吧……
没错！不过有苦也有甜哦！
脱
脱
爸爸一直在努力！
只要想到家人，
抛
哎嘿！
那些都不算什么啦！
爸爸好帅！
好帅！
好帅！
好帅！
好帅！
我会努力的……
那我去洗澡啦……
嗯？
脱下的衣服要叠好放整齐！
竟然随便乱丢！
还有，不要只穿着内裤走来走去！
吃我
一掌
好痛！
妈妈的暴脾气……
爸爸好糗……

自己最重视的事情

已经学到许多关于工作的知识啦……
为社会做贡献才是最有意义的！
嗯？
赚钱才是要紧事啊！
赚钱才是要紧事？
你是认真的吗？
敢嘲笑我！
不要学人家说话！
看我的厉害！
嘿嘿！
不要学人家说话！
哈哈！
看我的厉害！
嘿！嘿！嘿！
……
重拳
扯
好啦好啦。
不要闹了！
每个人都有自己对工作的看法啊！
不要闹了！

不一样的工作初衷！

人们都会怀着各自的初衷，努力地工作！每个人在工作中看重的方面也有所不同哦！
我想过充实的人生。
我想赚大钱。
我想做自己喜欢的事情。
我想得到别人的认可。
为了家人。
我想为社会做贡献！

思考自己的生活重心吧！

思考自己工作的初衷是非常重要的！

想一想

问 最想要得到谁的夸奖？

答 写出你的答案！

问 最想要得到的东西是什么？

答 写出你的答案！

这些答案就是你目前的生活重心！

这些答案会随着你的成长而改变，所以要不断地思考哦！

要理解和包容不同的观点！

每个人都会有自己的生活重心，所以在工作中要理解和包容他人的观点。

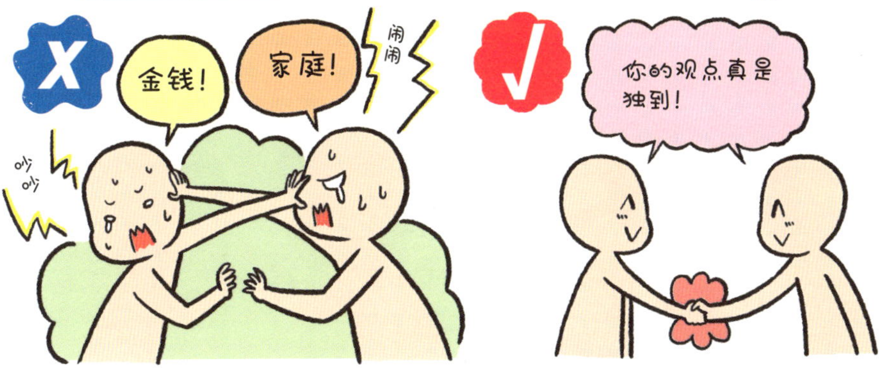

A型
类型解析 ➡ p.136

B型
类型解析 ➡ p.136

C型
类型解析 ➡ p.137

D型
类型解析 ➡ p.137

E型
类型解析 ➡ p.138

F型
类型解析 ➡ p.138

G型
类型解析 ➡ p.139

H型
类型解析 ➡ p.139

担任班级职务。

在班级里表现活跃。

喜欢和小动物或是小朋友一起玩耍。

行动力强。

给人沉着冷静的印象。

擅长答疑解惑。

做事一丝不苟。

做事有自己的一套方法。

爆炸头老师出品 职业测试

是 / 否

开始

相比一个人出去玩，更喜欢和大家一起行动。

- 是 → 相比宅在家里，更喜欢去户外走走。
- 两种都喜欢！ → 失败？我不怕！
- 否 → 相比和大家步调一致，更喜欢特立独行。

相比宅在家里，更喜欢去户外走走。

失败？
我不怕！

相比和大家步调一致，更喜欢特立独行。

A型的你

适合展现领导力的工作!

受到老师和同学信赖的你，适合充当引领大家前进的角色哦!

政治家、教师、指挥家、导演、运动员等。

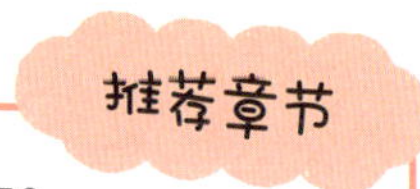

- 我想当明星 ➡ p.50
- 我喜欢运动 ➡ p.60

B型的你

适合团队合作的工作!

能很快与大家打成一片的你，非常适合在团队中施展拳脚哦!

节目制作人、木工、舞蹈家、急救队员、消防员等。

- 我喜欢看电视 ➡ p.28
- 我喜欢运动 ➡ p.60

C 型的你

适合照顾人或是动物的工作！

平时关心朋友的你，适合教育类，或是照顾动物的工作哦！

幼教、辅导员、饲养员、宠物美容师、看护等。

推荐章节

- 我喜欢小动物 ➡ p.54
- 我喜欢热闹的地方 ➡ p.94

D 型的你

适合搞笑、施展口才的工作！

善于表达的你，适合与人打交道的工作哦！

口译员、播音员、搞笑艺人、餐厅服务员、心理咨询师等。

推荐章节

- 我想当明星 ➡ p.50
- 我喜欢英语 ➡ p.88

E型的你 适合分析类的工作！

处事冷静的你，适合分析判断类的工作哦！

律师、警察、科学家、法官、研究员、医生等。

推荐章节

- 我对事物充满好奇心 ➡ p.78
- 我擅长数学 ➡ p.98

F型的你 适合研究类的工作！

为喜欢的事情会付出全部热情的你，适合研究类，或是注意力需要高度集中的工作哦！

大学教授、运动员、演奏家、厨师、美容师、探险家等。

推荐章节

- 我喜欢美食 ➡ p.38
- 我喜欢潮流时尚 ➡ p.66
- 我对交通工具感兴趣 ➡ p.74

G型的你　适合精密细致的工作！

心灵手巧的你，去尝试一些精细的工作吧！

爆炸推荐

美甲师、图书编辑、系统工程师、机械师、药剂师等。

推荐章节

- 我喜欢语文 ➡ p.32
- 我对交通工具感兴趣 ➡ p.74
- 我喜欢做手工 ➡ p.82

H型的你　适合表现自我的工作！

特立独行的你，去尝试创作新事物吧！

爆炸推荐

画家、作曲家、漫画家、时装设计师、建筑师等。

推荐章节

- 我喜欢音乐 ➡ p.46
- 我喜欢做手工 ➡ p.82
- 我喜欢看漫画 ➡ p.102

我们的未来

真是的，乔布维奇！
要跟上我啊！
你跑去哪里了？
嗯，一封信？
汪！
屁屁
什么意思？
非常突然，我即将远行去另一个城市了……
…！
汪！
飞奔
屁屁
对不起，没有和你们一一道别。
我已经教给你们许多知识，
但是这些并不是全部……

梦想像夜空中的星星一样多啊。
请努力去点亮属于自己的那颗星星吧！
我们一言为定！
呜！
呜！
呜！
呜！
空空如也
就这样，爆炸头老师从我们的身边消失了……
时光如白驹过隙……

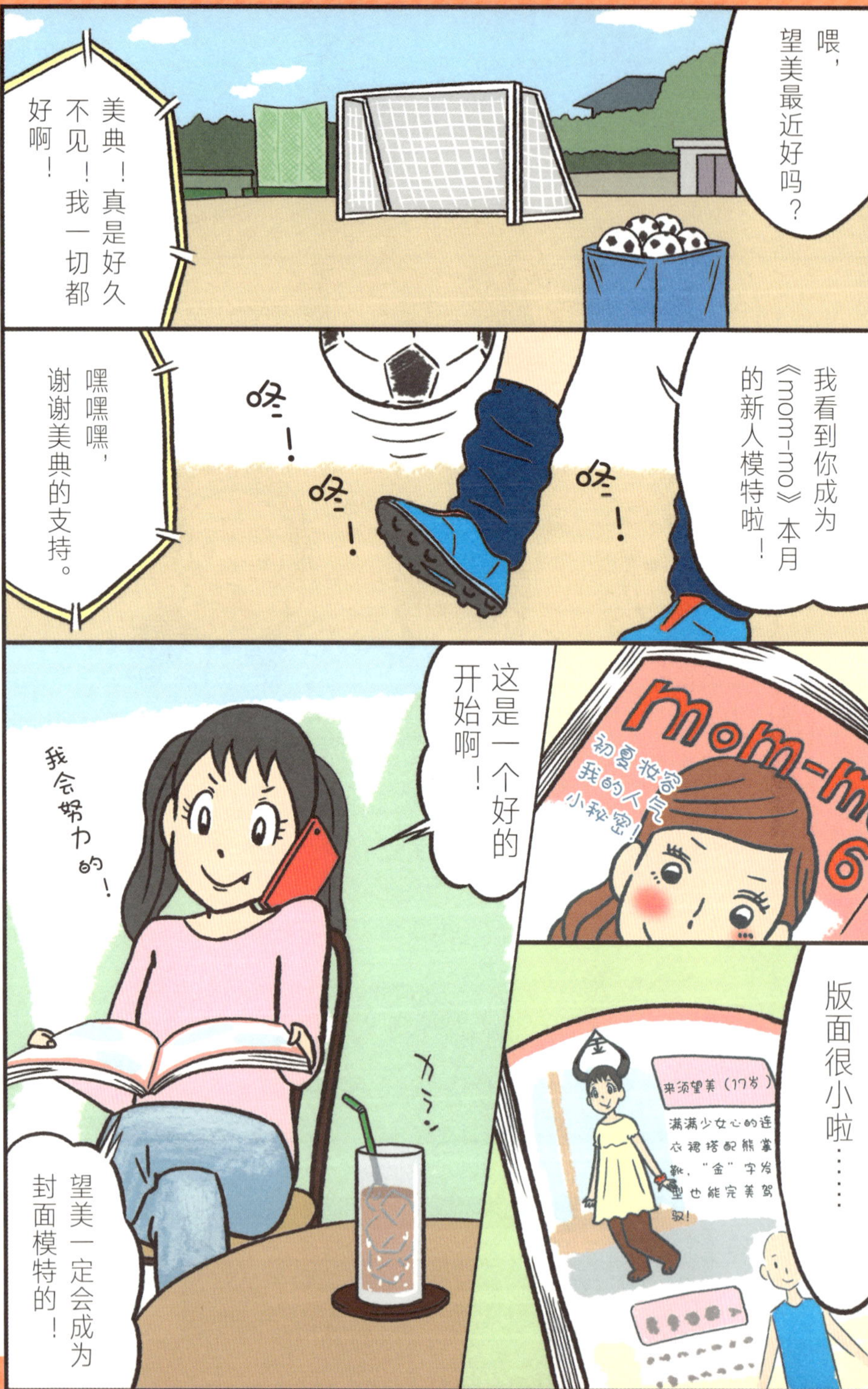

喂，望美最近好吗？
美典！真是好久不见！我一切都好啊！
我看到你成为《mom-mo》本月的新人模特啦！
咚！
咚！
咚！
嘿嘿嘿，谢谢美典的支持。
mom-mo 6
初夏妆容 我的人气小秘密！
这是一个好的开始啊！
我会努力的！
版面很小啦……
金
来须望美（17岁）
满满少女心的连衣裙搭配熊掌靴，"金"字发型也能完美驾驭！
カラ
望美一定会成为封面模特的！

话说回来，最近有叶人的消息吗？
听说他去美国学音乐啦！
欸？好厉害！
听说他的老师是位享誉全球的小号演奏家哦！
出发
美典，你最近怎么样？
我下周要参加全国大赛啦！
加油啊！听说职业球探会来挖掘新人？
我尽力啦！

我们都在梦想的路上呀！
真的呢！
哦！
队长！
那我准备回去训练啦！
悄悄
加油！有时间一起出来玩！
微笑
一言为定！
好！我来啦！
开始训练吧！

illustration：Kazuyuki Seki(WADE)

版权合同登记　图字：19-2019-209号

图书在版编目（CIP）数据

学校学不到的成长课. 我的人生梦想启蒙书 /（日）株式会社旺文社著；张文祎译. — 广州：新世纪出版社, 2019.12（2020.5重印）

ISBN 978-7-5583-0042-4

Ⅰ. ①学… Ⅱ. ①株… ②张… Ⅲ. ①职业选择 - 少儿读物 Ⅳ. ①G775

中国版本图书馆CIP数据核字（2019）第265379号

学校学不到的成长课 · 我的人生梦想启蒙书

Xuexiao Xuebudao de Chengzhangke · Wo de Rensheng Mengxiang Qimeng Shu

出 版 人：姚丹林
责任编辑：秦文剑　刘梦瑶
责任技编：王　维

出版发行：新世纪出版社
（广州市大沙头四马路10号）
经　　销：全国新华书店
印　　刷：北京盛通印刷股份有限公司
规　　格：880mm × 1230mm　　开　　本：32开
印　　张：4.5　　字　　数：50千
版　　次：2019年12月第1版　　印　　次：2020年5月第4次印刷
定　　价：32.50元

质量监督电话：020-83797655　购书咨询电话：020-83781537